Novena de São Benedito

EDITORA
SANTUÁRIO

DIREÇÃO EDITORIAL:
Pe. Fábio Evaristo Resende Silva, C.Ss.R.

REVISÃO:
Cristina Nunes

COORDENAÇÃO EDITORIAL:
Ana Lúcia de Castro Leite

DIAGRAMAÇÃO E CAPA:
Marcelo Tsutomu Inomata

Organização e seleção de textos: Pe. Fábio Evaristo Resende Silva, C.Ss.R.

ISBN 85-7200-802-0

1a edição: 2002

4ª impressão

Todos os direitos reservados à **EDITORA SANTUÁRIO** – 2016

Composição, CTcP, impressão e acabamento:
Editora Santuário - Rua Pe. Claro Monteiro, 342
12570-000 – Aparecida-SP – Tel. (12) 3104-2000

São Benedito
(1526-1589)

São Benedito é um dos santos mais queridos do Brasil. Cultuado inicialmente pelos escravos negros, por causa da cor de sua pele e de sua origem – era africano e negro –, passou a ser amado por toda a população como exemplo de humildade e pobreza. Esse fato também lhe valeu o apelido que tinha em vida, "o Mouro". Tal adjetivo, em italiano, é usado para todas as pessoas de pele escura, e não apenas para os procedentes do Oriente. Já entre nós, ele é chamado de são Benedito, o Negro, ou apenas "o santo Negro".

Embora em todo o mundo sua festa seja celebrada em 4 de abril, data de sua morte, no Brasil ela é celebrada, desde 1983, em 5 de outubro, por uma especial deferência canônica concedida à Conferência Nacional dos Bispos do Brasil (CNBB).

Benedito Manasseri nasceu em 1526, na pequena aldeia de São Fratelo, em Messina, na ilha da Sicília, Itália. Era filho de africanos escravos vendidos na ilha. Seu pai, Cristóforo, herdou o nome de seu patrão, e tinha se casado com sua mãe, Diana Lancari. Ambos eram católicos fervorosos. Quando o primogênito Benedito nasceu, foram alforriados com a criança, que recebeu o sobrenome dos Manasseri, seus padrinhos de batismo.

Cresceu pastoreando rebanhos nas montanhas da ilha e, desde pequeno, demonstrava tanto apego a Deus e à religião que os amigos, brincando, profetizavam: "Eis o santo mouro". Aos 21 anos de idade, ingressou entre os eremitas da Irmandade de São Francisco de Assis e tornou-se um religioso exemplar, primando pelo espírito de oração, pela humildade, pela obediência e pela alegria numa vida de extrema penitência.

Na Irmandade, exercia a função de simples cozinheiro, era apenas um irmão leigo e analfabeto, mas a sabedoria e o discernimento que demonstrava fizeram com que os superiores o nomeassem mestre de noviços e, mais tarde, foi eleito o superior daquele convento. Mas quando o fundador faleceu, em 1562, o papa Paulo IV extinguiu a Irmandade, ordenando que todos os integrantes se juntassem à verdadeira Ordem de São Francisco de Assis. Benedito escolheu o Convento de Santa Maria de Jesus, também em Palermo, onde viveu o restante de sua vida. Ali exerceu, igualmente, as funções mais humildes, como faxineiro e depois cozinheiro, ganhando fama de santidade pelos milagres que se sucediam por intercessão de suas orações.

Muitos príncipes, nobres, sacerdotes, teólogos e leigos, enfim, ricos e pobres se dirigiam a ele em busca de conselhos e de orientação espiritual segura. Também foi eleito superior e, quando seu período na direção da comunidade terminou, voltou a reassumir, com alegria, sua simples função de cozinheiro. E foi na cozinha do convento que ele morreu, no dia 4 de abril de 1589, como um simples frade franciscano, em total desapego às coisas terrenas e à sua própria pessoa, apenas um irmão leigo gozando de grande fama de santidade, que o envolve até os nossos dias.

Foi canonizado, em 1807, pelo papa Pio VII. Seu culto se espalhou pelos quatro cantos do planeta. Em 1652, já era o santo padroeiro de Palermo, mais tarde foi aclamado santo padroeiro de toda a população afro-americana, mas especialmente dos cozinheiros e profissionais da nutrição. E mais: na igreja do Convento de Santa Maria de Jesus, na capital siciliana, venera-se uma relíquia de valor incalculável: o corpo do "santo Mouro", profetizado na infância e ainda milagrosamente intacto. Assim foi toda a vida terrena de são Benedito, repleta de virtudes e especiais dons celestiais provindos do Espírito Santo.

Orações para todos os dias

I. Oração inicial

– Em nome do Pai, do Filho e do Espírito Santo. **Amém!**
– A nossa proteção está no nome do Senhor, **que fez o céu e a terra!**
– Ouvi, Senhor, minha oração, **e chegue até vós meu clamor!**

Vinde, Espírito Santo, enchei os corações de vossos fiéis e acendei neles o fogo do vosso amor. Enviai vosso Espírito e tudo será criado! E renovareis a face da terra!

Oremos: Deus, que instruístes os corações dos vossos fiéis com a luz do Espírito Santo, fazei que apreciemos retamente todas as coisas, segundo o mesmo Espírito, e gozemos sempre da sua consolação. Por Cristo, nosso Senhor! **Amém!**

II. Orações conclusivas

Pedidos e súplicas
Pelas crianças, pelos jovens, pelos doentes, pelos idosos, pelos dependentes do álcool e das drogas, pelos prisioneiros, pelos desempregados, pelos desesperançados, pelos que estão enfrentando grandes dificuldades, por minhas intenções particulares e por todas as famílias, eu vos peço: Senhor, escutai a minha prece!

Oração a São Benedito
São Benedito, tenho confiança em vossa intercessão. Peço vossa ajuda para crescer na fé, na esperança e na caridade. Peço vossa ajuda, de maneira particular, para alcançar as graças que agora vos apresento: *(pedir as graças almejadas)*. Vós que sois tão pródigo em atender vossos devotos, atendei nossas súplicas, hoje e sempre. Amém. São Benedito, *rogai por nós*!

– Pai nosso, que estais no céu....
– Ave, Maria, cheia de graça...
– Glória ao Pai...

Ao terminar hoje esta novena, eu vos peço, Senhor Deus, que me abençoe, me guarde de toda maldade e me conduza à vida eterna! Pela intercessão do glorioso São Benedito e de todos os Santos e Santas do céu, abençoe-nos o Deus Todo-Poderoso: Pai, Filho e Espírito Santo! Amém!

1º Dia
Bendito o que semeia o amor

1. Oração inicial *(p. 7)*

2. Palavra de Deus *(Mt 13,3-8)*

Jesus disse: "O semeador saiu a semear. E, ao lançar as sementes, uma parte caiu à beira do caminho; os pássaros vieram e a comeram. Outra parte caiu em terreno pedregoso, onde não havia muita terra; e logo brotou, porque a terra era pouco profunda. Mas, quando o sol nasceu, queimou-se e secou, porque não tinha raiz. Outras sementes caíram entre os espinhos; os espinhos cresceram e as sufocaram. Finalmente, outras caíram em terra boa e produziram fruto: aqui cem, ali sessenta e lá trinta vezes mais". Palavra da Salvação!

3. O exemplo de São Benedito

Os pais de Benedito, Cristóforo e Diana, eram espelhos de virtude, nos quais ele descobriu uma fé viva e uma caridade ardente. Em sua infância, Benedito teve duas coisas muito valiosas: um lar cristão e pais muito amorosos. A condição de pobreza da família fazia com que ali todos confiassem em Deus e se abandonassem à sua Providência. Os pais devem aprender com os pais dos santos como conduzir sua missão junto de seus filhos. Por trás dos santos sempre estiveram os bons exemplos dos pais ou ao menos a presença de uma santa mãe.

4. Para refletir

a) Quais pessoas são exemplos de fé em minha família?

b) Tenho procurado testemunhar minha fé junto das pessoas que amo?

5. Orações conclusivas *(p. 8)*

* * *

2º Dia
Bendito o que ouve o chamado do Senhor

1. Oração inicial *(p. 7)*

2. Palavra de Deus *(Mc 1,16-20)*

Jesus, passando na beira do mar da Galileia, viu Simão e André, irmão de Simão, lançando a rede ao mar, pois eram pescadores. Jesus disse-lhes: "Segui-me e vos farei pescadores de homens". Eles deixaram imediatamente suas redes e o seguiram. Pouco mais adiante viu Tiago, filho de Zebedeu, e seu irmão João, que estavam na barca, consertando as redes, e logo os chamou. Eles deixaram seu pai Zebedeu na barca com os empregados e foram atrás dele". Palavra da Salvação!

3. O exemplo de São Benedito

Foi aos 21 anos que Benedito ouviu de Deus um convite para viver uma vida perfeita. Aquele "vem e segue-me", que Jesus dirigiu a tantos discípulos, chegou aos ouvidos de Benedito pela voz de um santo monge eremita, chamado Jerônimo Lanza. Esse Frei Jerônimo passou certa vez pelo campo onde Benedito trabalhava. Um bando de desocupados estava lá, caçoando dele por ser negro. Jerônimo aproximou-se com toda a dignidade de um cristão, e sua presença já bastou para que os agressores se calassem. Observou bem Benedito e logo sentiu nele aquela marcante presença de Deus. Voltando-se depois para os caçoadores, agora modificados, disse-lhes: "Dentro em breve vocês ouvirão maravilhas a respeito deste negro que agora vocês tratam com tanto desprezo!" Mais tarde voltou Lanza à procura de Benedito na palhoça onde morava e lhe disse: "O que você está esperando, Benedito? Venda seus bois e venha para a minha comunidade". Esse convite foi uma ordem de Deus para Benedito, que se despediu de seus pais e, abençoado por eles, juntou sua mala e seguiu a voz que o chamava, a voz de Deus.

4. Para refletir

a) Todos fomos chamados para uma missão. Qual é minha vocação?

b) Como tenho vivido o chamado de Deus?

5. Orações conclusivas *(p. 8)*

* * *

3º Dia
Bendito quem é manso e humilde de coração

1. Oração inicial *(p. 7)*

2. Palavra de Deus *(Lc 6,20-23)*

Jesus disse: "Felizes vós, os pobres, porque é vosso o Reino de Deus. Felizes vós que agora passais fome, porque sereis saciados. Felizes vós que agora chorais, porque havereis de rir. Felizes vós quando os homens vos odiarem, repelirem, cobrirem de injúrias e rejeitarem vosso nome como infame por causa do Filho do homem. Alegrai-vos naquele dia e exultai, porque grande será vossa recompensa no céu. Pois era assim que os pais deles tratavam os profetas". Palavra da Salvação!

3. O exemplo de São Benedito

Quando Cristo ensinou a necessidade e o valor da humildade, muitos compreenderam, mas nem todos. Os que compreenderam e a praticaram chegaram a uma grande perfeição e, por isso, são chamados santos. Entre esses está São Benedito. Eis uma situação que nos fala da humildade do nosso Santo. Certa vez, quando guardião do convento, Frei Benedito chamou severamente a atenção de um noviço por uma falta supostamente cometida por ele. Só que o moço era inocente. O Superior incorrera em lamentável engano. Descoberta a verdade, Benedito penitenciou-se publicamente. Foi ajoelhar-se diante do noviço e pediu-lhe perdão pela reprimenda injusta. Os dois se abraçaram e choraram juntos. O resultado espiritual foi bem maior que o erro. Todos na casa ficaram sumamente edificados.

4. Para refletir

a) Sou capaz de reconhecer meus erros perante Deus e meus semelhantes?

b) Tenho sido uma pessoa humilde e acolhedora?

5. Orações conclusivas *(p. 8)*

* * *

4º Dia
Bendito aquele que reparte o pouco que tem

1. Oração inicial *(p. 7)*

2. Palavra de Deus *(Lc 912-17)*

Caía a tarde, e os Doze chegaram perto de Jesus e disseram: "Manda esse povo embora, para que se dirijam às aldeias e povoados vizinhos e procurem hospedagem e comida, pois onde estamos é um lugar deserto". Jesus respondeu-lhes: "Dai-lhes vós mesmos de comer!" Disseram os discípulos: "Não temos senão cinco pães e dois peixes... Só se formos comprar comida para todo esse povo..." Pois eram cerca de cinco mil homens. Jesus tomou então os cinco pães e os dois peixes, ergueu os olhos para o céu, abençoou-os e, depois de partir os pães, ia dando-os aos discípulos para que eles os distribuíssem à multidão. Todos comeram até ficarem satisfeitos, e recolheram doze cestos de pedaços que sobraram. Palavra do Salvação!

3. O exemplo de São Benedito

Certa vez, ao distribuir pão aos pobres, o porteiro, Irmão Vito da Girgenti, percebeu que a fila ainda era grande, e que na cesta restavam apenas poucos pães, que davam exatamente para os membros do convento. Encerrou, então, a distribuição e despachou o resto dos pobres. O fato chegou ao conhecimento do Guardião, Benedito, que intimou o bom porteiro a correr e chamar de volta os pobres que ficaram sem pão: "Dê aos pobres tudo o que estiver na cesta, disse Benedito, que a Providência divina achará um meio de socorrer-nos". Os pães, naquele tempo, geralmente eram feitos em casa. Não havia essa facilidade que temos hoje de correr a uma padaria na esquina. Aqueles pães dados aos pobres eram, então, os últimos, até o cozinheiro ou padeiro do convento fazer mais. Por isso o irmão porteiro ficou meio espantado com a ordem recebida, mas obedeceu. Chamou os pobres e pôs-se a distribuir-lhes os pães restantes. Foi aí que percebeu que alguma coisa de extraordinário estava acontecendo ali. O pão da cesta não se acabava; quanto mais ele tirava, mais aparecia. Terminada a distribuição, outra maravilha: na cesta ficaram exatamente aqueles pães que ele havia reservado para a comunidade. Nenhum a mais nem a menos.

4. Para refletir

a) Sou capaz de repartir e distribuir o que tenho com quem necessita mesmo sendo pouco?

b) Como tenho vivido a dimensão da caridade fraterna?

5. Orações conclusivas *(p. 8)*

* * *

5º Dia
Bendito aquele que serve com amor

1. Oração inicial *(p. 7)*

2. Palavra de Deus *(Jo 13,12-14)*

Depois de lhes ter lavado os pés e retomado as vestes, Jesus pôs-se de novo à mesa e lhes disse: "Sabeis o que vos fiz? Vós me chamais de Mestre e Senhor, e dizeis bem, pois eu o sou. Se, portanto eu, que sou o Senhor e o Mestre, vos lavei os pés, vós também deveis lavar-vos os pés uns aos outros. Pois eu vos dei o exemplo, para que façais como eu fiz". Palavra da Salvação!

3. O exemplo de São Benedito

Em sua função de guardião do convento, Benedito cuidava atentamente para que nenhum doente ficasse sem os remédios necessários. E é bom lembrar-nos de que estamos falando do século XVI, quando não havia farmácias como hoje. Tudo era mais difícil e os resultados sempre duvidosos. Mas Deus, que acudia Benedito com milagres na cozinha, também o acudiu nas enfermidades dos seus confrades, porque na cabeceira deles estava o fiel servo Benedito. Mas nem por ser guardião deixou Benedito de desempenhar os outros trabalhos da casa, reservados aos irmãos. Assim o guardião era visto ora na cozinha, ora na horta ou com uma vassoura na mão. O espírito de corresponsabilidade levava o Santo a compartilhar de todos os trabalhos da casa, e assim tudo ali prosperava.

4. Para refletir

a) Sou disponível para servir meus irmãos a exemplo de Jesus?

b) O que tenho feito em favor da Igreja e da minha comunidade?

5. Orações conclusivas *(p. 8)*

* * *

6º Dia
Bendito o que confia no Senhor

1. Oração inicial *(p. 7)*

2. Palavra de Deus *(Jo 14,1-6)*

Jesus disse: Não se perturbe vosso coração! Vós credes em Deus, crede em mim também! Na casa de meu Pai há muitas moradas. Se não, eu vo-lo teria dito; vou preparar-vos um lugar. Depois de ter ido e vos ter preparado um lugar, voltarei e vos tomarei comigo; para que, onde eu estiver, vós estejais também. E vós conheceis o caminho do lugar para onde vou". "Senhor – disse-lhe Tomé – não sabemos para onde vais; como podemos saber o caminho?" Jesus respondeu-lhe: "Eu sou o Caminho, a Verdade e a Vida. Ninguém chega ao Pai senão por mim. Palavra do Salvação!

3. O exemplo de São Benedito

Os dias de São Benedito eram tão cheios de trabalho, que à noite ele estava simplesmente exausto. Mas tinha lá suas compensações: recebia à noite o seu salário. Quem vivia o dia todo para a glória de Deus e da Virgem Maria tinha, à noite, Deus e a Virgem Maria como paga. Celestes visões, doces visões espirituais povoavam seu descanso e enchiam-no de consolações. Se para os outros o sono é imagem da morte, para São Benedito o sono era imagem do céu! Os santos são representados, nas suas imagens, com algum objeto ou animal referentes à sua vida. Os artistas preferem representar São Benedito com o Menino Jesus nos braços, lembrando seus doces colóquios nas visões celestes. Quem quiser receber a mesma graça segure primeiro, com muito amor, seus instrumentos de trabalho. Depois sim, Deus virá para seus braços.

4. Para refletir

a) Como você enfrenta os problemas e as dificuldades da vida?

b) Você se mantém fiel a Deus e à sua vontade diante das provações?

5. Orações conclusivas *(p. 8)*

✻   ✻   ✻

7º Dia
Bendito aquele que encontra Deus entre os pobres

1. Oração inicial *(p. 7)*

2. Palavra de Deus *(Lc 18,24-27)*

Jesus disse: "Como é difícil para os que possuem riquezas entrar no Reino de Deus! É mais fácil um camelo passar pelo buraco de uma agulha do que um rico entrar no Reino de Deus". Disseram então os ouvintes: "Mas, então, quem pode salvar-se?" Respondeu Jesus: "O que é impossível para os homens é possível para Deus". Palavra do Salvação!

3. O exemplo de São Benedito

Desde o tempo dos Apóstolos, as esmolas na Igreja saem mais dos bolsos dos pobres que dos ricos (2Cor 6,10; 9,11). Há ricos que dão esmolas sim, mas são poucos. Alguns gostam de fazer donativos, contribuições que engrandecem seus nomes ou os nomes de suas firmas. São altruístas, mas não são caridosos. Não é esse tipo de esmola que agrada a Deus e que se torna depósito rentável no céu. Por isso, o pouco que muitos pobres dão é mais que o muito que poucos ricos dão. Benedito, sendo também pobre, conhecia perfeitamente seus sofrimentos. Compadecia-se deles, mas ao mesmo tempo sabia consolá-los e infundir-lhes confiança: "Bem-aventurados vocês que são pobres, porque o Reino de Deus é de vocês" (Lc 6,20).

4. Para refletir

a) Você é uma pessoa desapegada e disponível para estar com os mais pobres?

b) Como você entende estas palavras: "A fé sem obras é morta" *(Tg 2,26)*?

5. Orações conclusivas *(p. 8)*

* * *

8º Dia
Bendito o que promove a paz

1. Oração inicial *(p. 7)*

2. Palavra de Deus *(Mt 5,7-12)*

Jesus disse: "Felizes os misericordiosos, porque conseguirão misericórdia. Felizes os de coração puro, porque verão a Deus. Felizes os que promovem a paz, porque Deus os terá como filhos. Felizes os que são perseguidos por agirem retamente, porque deles é o Reino dos Céus. Felizes sereis vós, quando os outros vos insultarem e perseguirem, e disserem contra vós toda espécie de calúnias por causa de mim. Alegrai-vos e exultai porque recebereis uma grande recompensa no céu. Pois foi assim que eles perseguiram os profetas que vos precederam!" Palavra do Senhor!

3. O exemplo de São Benedito

Os santos e santas não foram feitos para si: são seres que existem para os outros. Exonerado de seus cargos de guardião e de vice-superior, talvez São Benedito tenha pensado: "Agora volto sossegado para minhas panelas e meu fogão". Se pensou, errou. Sua fama já ia muito grande para o deixarem sossegado no seu convento. "Tão grande caridade" – dizem seus biógrafos – "não podia ficar oculta no tranquilo seio de um convento quieto". O fato é que a portaria do convento vivia cheia de gente que procurava Benedito para tudo. Uns queriam conselhos; outros, uma bênção para sua saúde; alguns queriam apenas conhecê-lo, mas outros exigiam milagres. Pessoas atingidas pelas mais variadas doenças vinham, cheias de esperança, buscar socorro junto do Santo. Muitos destes voltavam curados para suas casas. Muitos outros, angustiados, aflitos e desesperados, voltavam tranquilos, consolados e alegres por terem recuperado o rumo de suas vidas.

4. Para refletir

a) Tenho procurado ser uma bênção de Deus na vida de meus semelhantes?

b) Tenho promovido a paz nos ambientes em que me faço presente?

5. Orações conclusivas *(p. 8)*

* * *

9º Dia
Bendito o que persevera na fé

1. Oração inicial *(p. 7)*

2. Palavra de Deus *(Mc 13,11-13)*

Jesus disse: "Quando vos levarem para entregar-vos, não vos preocupeis com o que haveis de dizer, mas falai o que vos for inspirado naquele momento, pois não sereis vós que falareis, mas o Espírito Santo. O irmão entregará à morte o próprio irmão e o pai, o filho; os filhos se levantarão contra os pais e os farão morrer. E sereis odiados por todos por causa de meu nome, mas quem perseverar até o fim, este será salvo". Palavra do Salvação!

3. O exemplo de São Benedito

A perseverança é a prova do amor. Cada dia, cada momento da vida de São Benedito foi vivido no amor. Cresceu no amor como crescem as árvores plantadas à beira d'água. Essas águas misericordiosas de Deus foram abundantes na vida de São Benedito e ele nunca deixou de beber delas. Seus dias foram cheios. No campo, na lavoura, no eremitério de Frei Lanza ou no convento de Santa Maria de Jesus sua vida foi trabalho, trabalho e mais trabalho. Jamais conheceu perdas pelas quais tivesse de se arrepender. Era o servo fiel e prudente, e, por isso, atingiu enorme santidade.

4. Para refletir

a) Eu também posso ser santo?

b) O que devo fazer para ser santo ou santa?

5. Orações conclusivas *(p. 8)*

* * *